Gefüllte Mini-Gugelhupfe

Texte, Rezepte und Fotos:
Luise Lilienthal

Gefüllte Gugelhupfe für jeden Anlass

Diese kleinen gefüllten Kuchen sind große Verführer und echte Hingucker. Sie sind fein, charmant, köstlich und schnell zubereitet. Sie verfeinern jede Frühstücks- und Kaffeetafel, sagen herzlich „Dankeschön" oder fröhlich „Happy Birthday" und eignen sich sogar als liebevolles Betthupferl.

Gönnen Sie sich die kleinen appetitlichen Highlights, wann immer Sie etwas Besonderes brauchen.

Die Backform

Sie benötigen zum Backen eine Form für Mini-Gugelhupfe. Die im Buch beschriebenen Gugelhupfe wurden mit einer Silikonform mit 18 Vertiefungen (je 17,5 ml Volumen, 40 mm Durchmesser, 22 mm Höhe) gebacken. Die Mengenangaben beziehen sich also auf diese Form.

Sie können natürlich auch Formen, auch Blechformen, mit mehr oder weniger Vertiefungen nehmen, dann bleibt allerdings etwas Teig übrig beziehungsweise werden nicht alle Vertiefungen gefüllt.

Inhalt

Die Rezepte

Mini-Gugelhupfe mit fruchtiger Füllung

Die getrockneten Bananenchips sorgen für den knackigen Kick,
die Banane in Teig und Füllung für dieses wunderbare Aroma.

African Dream mit Banane

Teig
- » 60 g Mehl
- » 30 g gemahlene Haselnüsse
- » 20 g Stärke
- » 1 TL Backpulver
- » 1 Prise Salz
- » 50 g Banane
- » 1 Ei, Größe M
- » 50 g Zucker
- » 2 EL Naturjoghurt
- » 2 EL Distelöl
- » 1 TL Zitronensaft

Glasur und Dekoration
- » 1 Päckchen dunkle
  Schokoladenglasur (125 g)
- » 18 Bananenchips
  (Fertigprodukt)

Füllung
- » 60 g Banane
- » 60 g Quark, Magerstufe
- » 1 TL Zitronensaft
- » Zucker

1 Das Mehl sieben und mit Haselnüssen, Stärke, Backpulver und Salz vermengen. Die Banane mit einer Gabel zerdrücken. Das Ei mit Zucker, Joghurt, Öl und Zitronensaft verrühren. Alles gut miteinander vermischen. Den Backofen auf 175 °C Ober- und Unterhitze (155 °C Umluft) vorheizen.

2 Die Vertiefungen der Form mit Öl ausstreichen, zu ¾ mit Teig füllen und im vorgeheizten Backofen auf der mittleren Schiene 14 Minuten backen. Die kleinen Kuchen in der Form kurz abkühlen lassen, dann vorsichtig auf ein Auskühlgitter kippen und auskühlen lassen.

3 Die Kuchenglasur über einem Wasserbad erwärmen und die Gugelhupfe mit der Öffnung nach unten in der geschmolzenen Kuchenglasur drehen, die überschüssige Glasur abtropfen lassen.

4 Kurz vor dem Servieren die Banane für die Füllung zerdrücken, mit Quark und Zitronensaft vermengen, Zucker nach Geschmack zugeben. Den Bananenquark mit einem Teelöffel in die Gugelhupfe füllen und mit Bananenchips verzieren.

Zubereitungszeit: 35 Minuten
Backzeit: 14 Minuten
Ofentemperatur: 175 °C Ober- und
Unterhitze (155 °C Umluft)

In böhmischen Mehlspeisen treten Mohn und Powidl,
also Pflaumenmus, in vielen Varianten zusammen auf.
Auch im Gugelhupf schmeckt diese Kombination köstlich.

Mohn-Gugel mit Pflaumenmus

Teig

» 70 g Mehl
» 1 TL Backpulver
» 20 g Stärke
» 1 Prise Salz
» 40 g Zucker
» 1 Päckchen Vanillezucker
» 1 Ei, Größe M
» 50 ml Distelöl
» 3 EL Naturjoghurt
» 20 g geschälte, gemahlene
   Mandeln
» 1 EL backfertiger Mohn

Füllung

» 100 g Pflaumenmus
» 1–2 TL Zwetschgenschnaps
   (nach Geschmack)

1 Das Mehl sieben und mit Backpulver, Stärke und Salz vermengen. Zucker, Vanillezucker, Ei, Öl, Joghurt, Mandeln und Mohn zugeben und mit dem Rührgerät vermengen. Den Backofen auf 175 °C Ober- und Unterhitze (155 °C Umluft) vorheizen.

2 Die Vertiefungen der Form mit Öl ausstreichen, zu ¾ mit Teig füllen und im vorgeheizten Backofen auf der mittleren Schiene 14 Minuten backen. Die kleinen Kuchen in der Form kurz abkühlen lassen, dann vorsichtig auf ein Auskühlgitter kippen und auskühlen lassen.

3 Pflaumenmus und Zwetschgenschnaps verrühren und mit einem Teelöffel in die Gugelhupfe füllen.

Zubereitungszeit: 30 Minuten
Backzeit: 14 Minuten
Ofentemperatur: 175 °C Ober- und
Unterhitze (155 °C Umluft)

Liebes-Kuchen mit Granatapfel

Teig

» 60 g weiche Butter
» 50 g Zucker
» 1 Ei, Größe M
» 90 g Mehl
» 20 g Stärke
» 1 TL Backpulver
» 1 Prise Salz
» 3 EL Pfirsichjoghurt

Füllung

» 100 g Puderzucker
» 25 g weiche Butter
» 10 ml Granatapfelsaft

Dekoration

» Granatapfelkerne

1 Butter und Zucker für den Teig schaumig rühren. Das Ei zugeben und einrühren. Mehl, Stärke, Backpulver und Salz vermengen und mit der Butter-
Ei-Mischung verrühren. Zuletzt den Joghurt unterrühren. Den Backofen auf
175 °C Ober- und Unterhitze (155 °C Umluft) vorheizen.

2 Die Vertiefungen der Form mit Öl ausstreichen, zu ¾ mit Teig füllen und
im vorgeheizten Backofen auf der mittleren Schiene 14 Minuten backen.
Die kleinen Kuchen in der Form kurz abkühlen lassen, dann vorsichtig auf
ein Auskühlgitter kippen und auskühlen lassen.

3 Für die Füllung Puderzucker mit Butter und Granatapfelsaft zu einer
glatten Masse verrühren und 30 Minuten kühlen. Die Creme in einen Spritzbeutel mit glatter Tülle geben und die Gugelhupfe füllen. Mit Granatapfel-
kernen verzieren.

Zubereitungszeit: 35 Minuten
Backzeit: 14 Minuten
Ofentemperatur: 175 °C Ober- und
Unterhitze (155 °C Umluft)
Kühlzeit: 30 Minuten

Im Kreislauf der Natur werden aus blühenden Rosen glänzende Hagebutten. Verarbeitet zu Hagebuttenmark wird daraus eine leckere Gugelhupf-Füllung.

Hagebutten-Gugelhupf

Teig

- » *70 g Mehl*
- » *1 TL Backpulver*
- » *20 g Stärke*
- » *20 g gemahlene Haselnüsse*
- » *10 g dunkle Schokolade, gehackt*
- » *1 Prise Salz*
- » *50 g Zucker*
- » *1 Ei, Größe M*
- » *50 ml Distelöl*
- » *3 EL Naturjoghurt*

Glasur und Füllung

- » *1 Päckchen dunkle Schokoladenglasur (125 g)*
- » *100 g Hagebuttenmark*

1 Das Mehl sieben und mit Backpulver, Stärke, Haselnüssen, Schokolade und Salz vermengen. Zucker, Ei, Öl und Joghurt zugeben und alles mit dem Rührgerät verrühren. Den Backofen auf 175 °C Ober- und Unterhitze (155 °C Umluft) vorheizen.

2 Die Vertiefungen der Form mit Öl ausstreichen, zu ¾ mit Teig füllen und im vorgeheizten Backofen auf der mittleren Schiene 14 Minuten backen. Die kleinen Kuchen in der Form kurz abkühlen lassen, dann vorsichtig auf ein Auskühlgitter kippen und auskühlen lassen.

3 Die Schokoladenglasur über einem Wasserbad erwärmen. Den oberen Teil der Kuchen in die Schokolade tauchen und trocknen lassen. Die Gugelhupfe vor dem Servieren mit Hagenbuttenmark füllen.

Zubereitungszeit: 35 Minuten
Backzeit: 14 Minuten
Ofentemperatur: 175 °C Ober- und Unterhitze (155 °C Umluft)
Trockenzeit: 30 Minuten

Im Sommer locken Selbstpflückfelder auch mit leckeren Heidelbeeren.
Dann mache ich den Joghurt mit frischen Beeren selbst.

Heidelbeerküchlein mit Joghurtfüllung

Teig
- » 90 g Mehl
- » 1 TL Backpulver
- » 20 g Stärke
- » 1 Prise Salz
- » 50 g Zucker
- » 1 Päckchen Vanillezucker
- » 1 Ei, Größe M
- » 50 ml Distelöl
- » 3 EL Heidelbeersahne-joghurt

Glasur
- » 4 EL Puderzucker
- » 1 EL Heidelbeersaft

Füllung
- » 100 g Heidelbeersahne-joghurt
- » 18 Heidelbeeren

1 Das Mehl sieben und mit Backpulver, Stärke und Salz vermengen. Zucker, Vanillezucker, Ei, Öl und Joghurt zugeben und mit dem Rührgerät vermengen. Den Backofen auf 175 °C Ober- und Unterhitze (155 °C Umluft) vorheizen.

2 Die Vertiefungen der Form mit Öl ausstreichen, zu ¾ mit Teig füllen und im vorgeheizten Backofen auf der mittleren Schiene 14 Minuten backen. Die kleinen Kuchen in der Form kurz abkühlen lassen, dann vorsichtig auf ein Auskühlgitter kippen und auskühlen lassen.

3 Für die Glasur den Puderzucker mit Heidelbeersaft und etwas Wasser zu einem glatten Zuckerguss verrühren und die Gugelhupfe damit bepinseln.

4 Den Joghurt in einen Spritzbeutel mit Sterntülle geben und die Gugelhupfe damit füllen. Jeden Gugelhupf mit einer Heidelbeere verzieren.

Zubereitungszeit: 35 Minuten
Backzeit: 14 Minuten
Ofentemperatur: 175 °C Ober- und Unterhitze (155 °C Umluft)

Himbeer-Schokoladen-Gugelhupf

Teig

- » *60 g Mehl*
- » *1 TL Backpulver*
- » *20 g Stärke*
- » *20 g Kakaopulver*
- » *10 g Vollmilchschokolade, gehackt*
- » *1 Prise Salz*
- » *50 g Zucker*
- » *1 Ei, Größe M*
- » *50 ml Distelöl*
- » *3 EL Crème fraîche*
- » *20 g TK-Himbeeren*

Füllung und Dekoration

- » *100 g Sahne*
- » *½ Päckchen Sahnesteif*
- » *Puderzucker*
- » *18 Himbeeren*

1 Das Mehl sieben und mit Backpulver, Stärke, Kakao, Schokolade und Salz vermengen. Zucker, Ei, Öl und Crème fraîche zugeben und alles mit dem Rührgerät vermengen. Die tiefgefrorenen Himbeeren zerbröseln, zum Teig geben und verrühren. Den Backofen auf 175 °C Ober- und Unterhitze (155 °C Umluft) vorheizen.

2 Die Vertiefungen der Form mit Öl ausstreichen, zu ¾ mit Teig füllen und im vorgeheizten Backofen auf der mittleren Schiene 14 Minuten backen. Die kleinen Kuchen in der Form kurz abkühlen lassen, dann vorsichtig auf ein Auskühlgitter kippen und auskühlen lassen.

3 Für die Füllung die Sahne mit Sahnesteif schlagen. Vor dem Servieren die Gugelhupfe mit Puderzucker bestäuben. Die Sahne in einen Spritzbeutel mit Sterntülle geben und die Gugelhupfe füllen, auf jeden Gugelhupf eine Himbeere setzen.

Zubereitungszeit: 25 Minuten
Backzeit: 14 Minuten
Ofentemperatur: 175 °C Ober- und Unterhitze (155 °C Umluft)

Ein mit Eis gefüllter Gugelhupf, gebettet auf feiner Himbeersauce –
so lässt sich der Sommer genießen.

Himbeereis-Kuchen

Teig

- » 1 Bio-Zitrone
- » 90 g Mehl
- » 1 TL Backpulver
- » 20 g Stärke
- » 1 Prise Salz
- » 50 g Zucker
- » 1 Päckchen Vanillezucker
- » 1 Ei, Größe M
- » 50 ml Distelöl
- » 3 EL griechischer Joghurt

Sauce

- » 400 g Himbeeren, TK
  oder frisch
- » 120 g Zucker

Füllung

- » 100 g Himbeer-Joghurt-Eis

1 Die Zitrone waschen, abtrocknen und die Schale abreiben. Das Mehl sieben und mit Backpulver, Stärke und Salz vermengen. Zucker, Vanillezucker, Ei, Öl, Joghurt und Zitronenabrieb zugeben und verrühren. Den Backofen auf 175 °C Ober- und Unterhitze (155 °C Umluft) vorheizen.

2 Die Vertiefungen der Form mit Öl ausstreichen, zu ¾ mit Teig füllen und im vorgeheizten Backofen auf der mittleren Schiene 14 Minuten backen. Die kleinen Kuchen in der Form kurz abkühlen lassen, dann vorsichtig auf ein Auskühlgitter kippen und auskühlen lassen.

3 Für die Sauce die Himbeeren mit dem Zucker erwärmen und heiß auf kleine Teller geben. Jeweils einen Gugelhupf daraufsetzen.

4 Die Gugelhupfe mit Eiskügelchen füllen (das geht gut mit einem sehr kleinen Melonenausstecher) oder mit Eis belegen.

Zubereitungszeit: 40 Minuten
Backzeit: 14 Minuten
Ofentemperatur: 175 °C Ober- und
Unterhitze (155 °C Umluft)

Das perfekte Frühstück für Erdbeerfans! Und im Sommer gibt es natürlich frische Erdbeeren dazu.

Erdbeersüße Gugelhupfe

Teig
- » 80 g Mehl
- » 1 TL Backpulver
- » 20 g Stärke
- » 1 Prise Salz
- » 1 Ei, Größe M
- » 50 g Zucker
- » 3 EL Erdbeerjoghurt
- » 50 ml Distelöl

Füllung
- » 3 EL Erdbeerkonfitüre
- » 100 g Mascarpone
- » 2 EL Erdbeersirup
- » ½ Päckchen Gelatine-Fix (8 g)

1 Das Mehl mit Backpulver, Stärke und Salz vermengen. Das Ei mit Zucker, Joghurt und Öl vermischen und mit der Mehlmasse verrühren. Den Backofen auf 175 °C Ober- und Unterhitze (155 °C Umluft) vorheizen.

2 Die Vertiefungen der Form mit Öl ausstreichen, zu ¾ mit Teig füllen und im vorgeheizten Backofen auf der mittleren Schiene 14 Minuten backen. Die kleinen Kuchen in der Form kurz abkühlen lassen, dann vorsichtig auf ein Auskühlgitter kippen und auskühlen lassen.

3 Die Erdbeerkonfitüre mit einer Gabel verrühren. Den oberen Teil der Gugelhupfe darin eintauchen. Mascarpone und Erdbeersirup vermengen, die Gelatine unterrühren. Die Crème im Kühlschrank fest werden lassen. Vor dem Servieren die Masse in einen Spritzbeutel mit Sterntülle geben und die Gugelhupfe damit füllen.

Zubereitungszeit: 35 Minuten
Backzeit: 14 Minuten
Ofentemperatur: 175 °C Ober- und Unterhitze (155 °C Umluft)
Kühlzeit: 2 Stunden

Wenn die Mango den Gaumen küsst, so werden uns göttliche Süße und Reichtum zuteil, so sagt es die Legende.

Mango-Kuchenkonfekt mit Schokoguss

Teig

» 60 g weiche Butter
» 50 g Zucker
» 1 Ei, Größe M
» 70 g Mehl
» 20 g Stärke
» 1 TL Backpulver
» 1 Prise Salz
» 10 g Vollmilchschokolade, gehackt
» 30 g frische Mango, klein gewürfelt
» 3 EL saure Sahne

Füllung und Guss

» 1 Päckchen dunkle Schokoladenglasur (125 g)
» 4 EL frische Mango, klein gewürfelt

1 Die Butter mit dem Zucker schaumig rühren. Das Ei zugeben und einrühren. Mehl, Stärke, Backpulver und Salz vermengen und mit der Butter-Ei-Mischung verrühren. Schokolade und Mango zusammen mit der sauren Sahne unterrühren. Den Backofen auf 175 °C Ober- und Unterhitze (155 °C Umluft) vorheizen.

2 Die Vertiefungen der Form mit Öl ausstreichen, zu ¾ mit Teig füllen und im vorgeheizten Backofen auf der mittleren Schiene 14 Minuten backen. Die kleinen Kuchen in der Form kurz abkühlen lassen, dann vorsichtig auf ein Auskühlgitter kippen und auskühlen lassen.

3 Die Schokoglasur über einem Wasserbad schmelzen. Die Kuppel der Gugelhupfe in die Schokolade tauchen, die Schokolade abtropfen und trocknen lassen. Die Gugelhupfe mit den Mangowürfeln füllen und servieren.

Zubereitungszeit: 35 Minuten
Backzeit: 14 Minuten
Ofentemperatur: 175 °C Ober- und Unterhitze (155 °C Umluft)
Trockenzeit: 30 Minuten

Der Berg ruft! … Eine schöne Aussicht, meine leckeren Apfelmus-Nuss-Gugelhupfe vor mir und schon fühle ich mich wie bei einem gelungenen Ausflug in die Berge.

Apfelmus-Gugelhupfe mit Haselnuss

Teig

- » 60 g Mehl
- » 20 g Stärke
- » 1 TL Backpulver
- » 30 g gemahlene Haselnüsse
- » 1 Prise Salz
- » 1 Messerspitze Zimt
- » 50 g brauner Zucker
- » 50 ml Distelöl
- » 1 Ei, Größe M
- » 2 EL Naturjoghurt
- » 1 EL Apfelkompott (Fertig-produkt oder siehe Tipp)

Füllung

- » 1 Päckchen Haselnuss-glasur (125 g)
- » 100 g stückiges Apfelkompott

1 Das Mehl mit Stärke, Backpulver, Haselnüssen, Salz und Zimt vermengen. Zucker, Öl, Ei, Joghurt und Apfelkompott zugeben und verrühren. Den Backofen auf 175 °C Ober- und Unterhitze (155 °C Umluft) vorheizen.

2 Die Vertiefungen der Form mit Öl ausstreichen, zu ¾ mit Teig füllen und im vorgeheizten Backofen auf der mittleren Schiene 14 Minuten backen. Die kleinen Kuchen in der Form kurz abkühlen lassen, dann vorsichtig auf ein Auskühlgitter kippen und auskühlen lassen.

3 Die Haselnussglasur über einem Wasserbad schmelzen und auf einen flachen Teller gießen. Die Gugelhupfe nur mit der Kuppel in die Glasur tauchen. Die Glasur trocknen lassen. Das Apfelkompott mit einem Teelöffel in die Gugelhupfe füllen und servieren.

♥ *Stückiges Apfelkompott ist schnell selbst gemacht: 2 Äpfel (zum Beispiel Cox) schälen, vierteln, vom Kernhaus befreien und in Stücke schneiden. In einem Topf mit möglichst wenig Wasser (abhängig von der Apfelsorte) und etwas braunem Zucker (je nach Geschmack) kochen, bis die Äpfel zerfallen.*

Zubereitungszeit: 35 Minuten
Backzeit: 14 Minuten
Ofentemperatur: 175 °C Ober- und Unterhitze (155 °C Umluft)
Trockenzeit: 30 Minuten

Für kleine Mädchen muss möglichst alles rosa sein. Deshalb sorgen die kleinen rosa Prinzessinnen-Gugelhupfe auf dem Geburtstagstisch sicher für viel Freude.

Prinzessinnen-Kuchen mit Mandarine

Teig

- » 80 g Mehl
- » 20 g Stärke
- » 1 TL Backpulver
- » 1 Prise Salz
- » 50 g Zucker
- » 1 Ei, Größe M
- » 50 ml Distelöl
- » 2 EL Naturjoghurt
- » 20 g weiße Schokolade
- » 1 EL Mandarinensaft

Guss

- » 50 g Puderzucker
- » 2–3 TL Mandarinensaft
- » rote Lebensmittelfarbe (nach Wunsch)

Füllung

- » 100 g Sahne
- » ½ Päckchen Sahnesteif
- » 1 TL Zucker

Dekoration

- » 144 rosafarbene Zuckerperlen
- » 18 weiße Zuckerperlen

1 Das Mehl mit Stärke, Backpulver und Salz vermengen. Zucker, Ei, Öl und Joghurt zugeben und unterrühren. Die weiße Schokolade klein hacken und zugeben. Zuletzt den Mandarinensaft einrühren. Den Backofen auf 175 °C Ober- und Unterhitze (155 °C Umluft) vorheizen.

2 Die Vertiefungen der Form mit Öl ausstreichen, zu ¾ mit Teig füllen und im vorgeheizten Backofen auf der mittleren Schiene 14 Minuten backen. Die kleinen Kuchen in der Form kurz abkühlen lassen, dann vorsichtig auf ein Auskühlgitter kippen und auskühlen lassen.

3 Für den Guss Puderzucker und Mandarinensaft vermengen, nach Belieben mit etwas Lebensmittelfarbe einfärben. Den Zuckerguss auf die Gugelhupfe pinseln. Auf den noch feuchten Guss rundherum je 8 rosa Zuckerperlen drücken.

4 Die Sahne mit Sahnesteif und Zucker steif schlagen. In einen Spritzbeutel mit Sterntülle füllen und die Gugelhupfe füllen. Die Sahnehäubchen zuletzt mit je einer Zuckerperle krönen.

Zubereitungszeit: 45 Minuten
Backzeit: 14 Minuten
Ofentemperatur: 175 °C Ober- und Unterhitze (155 °C Umluft)

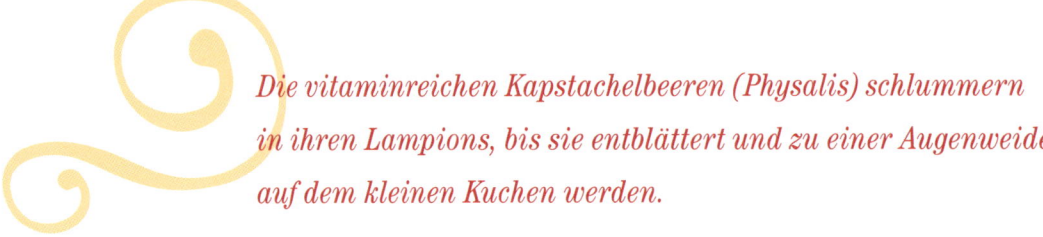

Die vitaminreichen Kapstachelbeeren (Physalis) schlummern in ihren Lampions, bis sie entblättert und zu einer Augenweide auf dem kleinen Kuchen werden.

Schoko-Gugelhupfe mit Physalis

Teig

» 60 g Mehl
» 1 TL Backpulver
» 20 g Stärke
» 20 g Kakaopulver
» 1 Prise Salz
» 1 Ei, Größe M
» 50 g Zucker
» 50 ml Distelöl
» 3 EL Naturjoghurt
» 30 g dunkle Schokolade (70 %), gehackt

Füllung

» 40 g Sahne
» 60 g dunkle Schokolade (70 %), gehackt

Dekoration

» 18 Physalis

1 Das Mehl sieben und mit Backpulver, Stärke, Kakao und Salz vermengen. Ei, Zucker, Öl, Joghurt und die gehackte Schokolade vermengen und mit der Mehlmischung verrühren. Den Backofen auf 175 °C Ober- und Unterhitze (155 °C Umluft) vorheizen.

2 Die Vertiefungen der Form mit Öl ausstreichen, zu ¾ mit Teig füllen und im vorgeheizten Backofen auf der mittleren Schiene 14 Minuten backen. Die kleinen Kuchen in der Form kurz abkühlen lassen, dann vorsichtig auf ein Auskühlgitter kippen und auskühlen lassen.

3 Für die Füllung die Sahne in einem kleinen Topf erwärmen, auf die gehackte Schokolade gießen und zu einer glatten Masse verrühren. Die Creme in einen Spritzbeutel mit Sterntülle geben und die Gugelhupfe füllen. 30 Minuten kühl stellen und vor dem Servieren mit einer Physalis verzieren.

Zubereitungszeit: 40 Minuten
Backzeit: 14 Minuten
Ofentemperatur: 175 °C Ober- und Unterhitze (155 °C Umluft)
Kühlzeit: 30 Minuten

Lemoncurd besteht aus Ei, Zucker, Zitronensaft und Zitronenschale. In England wird diese Creme wie Marmelade verwendet. Sie ist im Supermarkt erhältlich.

Zitronen-Gugel

Teig

- » 60 g Mehl
- » 20 g Stärke
- » 1 TL Backpulver
- » 30 g geschälte, gemahlene Mandeln
- » 1 Prise Salz
- » 1 Ei, Größe M
- » 50 g Zucker
- » 50 ml Distelöl
- » 3 EL Naturjoghurt
- » 1 TL Zitronensaft
- » Abrieb von ½ Bio-Zitrone

Guss

- » 50 g Puderzucker
- » 2–3 TL Zitronensaft oder -likör (Limoncello)

Füllung

- » 50 g Lemoncurd

1 Das Mehl mit Stärke, Backpulver, Mandeln und Salz vermengen. Ei, Zucker, Öl, Joghurt, Zitronensaft und Zitronenabrieb hinzufügen und alles gut verrühren. Den Backofen auf 175 °C Ober- und Unterhitze (155 °C Umluft) vorheizen.

2 Die Vertiefungen der Form mit Öl ausstreichen, zu ¾ mit Teig füllen und im vorgeheizten Backofen auf der mittleren Schiene 14 Minuten backen. Die kleinen Kuchen in der Form kurz abkühlen lassen, dann vorsichtig auf ein Auskühlgitter kippen und auskühlen lassen.

3 Für den Guss Puderzucker und Zitronensaft glatt rühren. Den Guss auf einen flachen Teller geben und die Kuppeln der Gugelhupfe darin eintauchen, überschüssigen Guss abtropfen lassen. Lemoncurd in einen Spritzbeutel mit glatter Tülle geben, in die Gugelhupfe füllen und servieren.

Zubereitungszeit: 35 Minuten
Backzeit: 14 Minuten
Ofentemperatur: 175 °C Ober- und Unterhitze (155 °C Umluft)

Statt der Cranberrys können Sie auch andere säuerliche Früchte nehmen, zum Beispiel Johannisbeeren oder Sanddorn.

Cranberry-Stracciatella-Gugelhupfe

Teig

- » 70 g Mehl
- » 1 TL Backpulver
- » 20 g Stärke
- » 1 EL Kakaopulver
- » 1 Prise Salz
- » 50 g Zucker
- » 1 Ei, Größe M
- » 3 EL Naturjoghurt
- » 30 g getrocknete Cranberrys, gehackt
- » 50 ml Distelöl

Füllung und Dekoration

- » 200 g Sahne
- » 1 Päckchen Sahnesteif
- » 2 EL Schokoraspel

1 Das Mehl mit Backpulver, Stärke, Kakao und Salz vermengen. Zucker, Ei, Joghurt, Cranberrys und Öl zugeben und verrühren. Den Backofen auf 175 °C Ober- und Unterhitze (155 °C Umluft) vorheizen.

2 Die Vertiefungen der Form mit Öl ausstreichen, zu ¾ mit Teig füllen und im vorgeheizten Backofen auf der mittleren Schiene 14 Minuten backen. Die kleinen Kuchen in der Form kurz abkühlen lassen, dann vorsichtig auf ein Auskühlgitter kippen und auskühlen lassen.

3 Die Sahne mit Sahnesteif schlagen. 1½ EL Schokoraspel unter die steife Sahne ziehen. Die Sahne mit einem Teelöffel oder einem Spritzbeutel mit großer Lochtülle in die Gugelhupfe füllen. Mit den restlichen Schokoraspeln dekorieren.

Zubereitungszeit: 35 Minuten
Backzeit: 14 Minuten
Ofentemperatur: 175 °C Ober- und Unterhitze (155 °C Umluft)

Wenn die ersten Erdbeeren auf den Feldern reif sind,
ist der Sommer nicht mehr weit. Pflücken, naschen und
mit den restlichen Erdbeeren die Gugelhupfe verzieren.

Erdbeer-Küchlein mit Holunder-Ricotta

Teig

» 90 g Mehl
» 1 TL Backpulver
» 20 g Stärke
» 1 Prise Salz
» 50 g Zucker
» 1 Ei, Größe M
» 50 ml Distelöl
» 2 EL Crème fraîche
» 1 EL Holunderblütensirup

Füllung

» 50 g Zartbitterschokolade,
  gehackt
» 125 g Ricotta
» 2 EL Holunderblütensirup

Dekoration

» Erdbeeren

1 Das Mehl sieben und mit Backpulver, Stärke und Salz vermengen. Zucker, Ei, Öl, Crème fraîche und Holunderblütensirup zugeben und mit dem Rührgerät vermengen. Den Backofen auf 175 °C Ober- und Unterhitze (155 °C Umluft) vorheizen.

2 Die Vertiefungen der Form mit Öl ausstreichen, zu ¾ mit Teig füllen und im vorgeheizten Backofen auf der mittleren Schiene 14 Minuten backen. Die kleinen Kuchen in der Form kurz abkühlen lassen, dann vorsichtig auf ein Auskühlgitter kippen und auskühlen lassen.

3 Die Schokolade über einem Wasserbad schmelzen. Ricotta mit Holunderblütensirup vermengen und mit der geschmolzenen Schokolade zu einer Creme verrühren. Die Creme in einen Spritzbeutel mit Sterntülle füllen und in die Gugelhupfe füllen. Mit Erdbeerscheiben dekorieren.

Zubereitungszeit: 40 Minuten
Backzeit: 14 Minuten
Ofentemperatur: 175 °C Ober- und
Unterhitze (155 °C Umluft)

Die Williams Birne wurde im 18. Jahrhundert vom Baumschulen-besitzer Williams gezüchtet. Zu Birnenschnaps veredelt heißt sie Williams Christ und schmeckt auch im Gugelhupf ganz vorzüglich.

Edle Birne mit Geist

Teig

» 70 g Mehl
» 1 TL Backpulver
» 20 g Stärke
» 1 Prise Salz
» 60 g Zucker
» 1 Ei, Größe M
» 50 ml Distelöl
» 3 EL Naturjoghurt
» 30 g Birnen, klein gewürfelt

Füllung

» 100 g Puderzucker
» 25 g weiche Butter
» 30 ml Williams Christ

Dekoration

» Zuckerperlen

1 Das Mehl sieben und mit Backpulver, Stärke und Salz vermengen. Zucker, Ei, Öl, Joghurt und Birnenwürfel zugeben und verrühren. Den Backofen auf 175 °C Ober- und Unterhitze (155 °C Umluft) vorheizen.

2 Die Vertiefungen der Form mit Öl ausstreichen, zu ¾ mit Teig füllen und im vorgeheizten Backofen auf der mittleren Schiene 14 Minuten backen. Die kleinen Kuchen in der Form kurz abkühlen lassen, dann vorsichtig auf ein Auskühlgitter kippen und auskühlen lassen.

3 Den Puderzucker mit Butter und Williams Christ zu einer glatten Masse verrühren und kühlen. Die Creme in einen Spritzbeutel mit glatter Tülle geben und in die Gugelhupfe füllen, mit Zuckerperlen verzieren.

Zubereitungszeit: 45 Minuten
Backzeit: 14 Minuten
Ofentemperatur: 175 °C Ober- und Unterhitze (155 °C Umluft)
Kühlzeit: 30 Minuten

Kakao und Kokosnuss sind füreinander geschaffen. Jetzt noch ein weißer Sandstrand und schattenspendende Palmen und schon ist der Karibik-Traum perfekt.

Kokos-Zitronen-Gugelhupf

Teig

» 60 g Mehl
» 1 TL Backpulver
» 20 g Stärke
» 20 g Kakaopulver
» 20 g Kokosraspel
» 1 Prise Salz
» 1 Ei, Größe M
» 50 g Zucker
» 50 ml Distelöl
» 3 EL Naturjoghurt
» Abrieb von 1 Bio-Limette

Guss

» 2 EL Zitronensirup oder -likör

Füllung

» 100 g Doppelrahmfrischkäse
» 1 TL Puderzucker
» 50 g Kokosraspel

1 Das Mehl sieben und mit Backpulver, Stärke, Kakao, Kokosraspeln und Salz vermengen. Ei, Zucker, Öl, Joghurt und Limettenabrieb zugeben und mit dem Rührgerät verrühren. Den Backofen auf 175 °C Ober- und Unterhitze (155 °C Umluft) vorheizen.

2 Die Vertiefungen der Form mit Öl ausstreichen, zu ¾ mit Teig füllen und im vorgeheizten Backofen auf der mittleren Schiene 14 Minuten backen. Die kleinen Kuchen in der Form kurz abkühlen lassen, dann vorsichtig auf ein Auskühlgitter kippen und auskühlen lassen.

3 Die Gugelhupfe in den Zitronensirup eintunken. Frischkäse und Puderzucker mit einer Gabel vermengen. Mit einem Melonenausstecher kleine Kugeln ausstechen, in den Kokosraspeln wenden und auf die Gugelhupfe setzen.

Zubereitungszeit: 35 Minuten
Backzeit: 14 Minuten
Ofentemperatur: 175 °C Ober- und Unterhitze (155 °C Umluft)

Mit fruchtiger Füllung

*Marshmallows kennt jeder, pur oder gegrillt. Diese
Zuckermasse gibt es im Supermarkt auch als Creme.
Sie heißt Fluff und ist ideal für cremige Füllungen.*

Fluffiges Marshmallow-Konfekt

Teig

- » *90 g Mehl*
- » *1 TL Backpulver*
- » *20 g Stärke*
- » *1 Prise Salz*
- » *50 g Zucker*
- » *1 Ei, Größe M*
- » *50 ml Distelöl*
- » *3 EL saure Sahne*
- » *10 g weiße Schokolade,
  fein gehackt*

Füllung

- » *40 g weiche Butter*
- » *80 g Marshmallow
  Erdbeerfluff*

Dekoration

- » *Erdbeeren*

1 Das Mehl sieben und mit Backpulver, Stärke und Salz vermengen. Zucker, Ei, Öl, saure Sahne und Schokolade zugeben und mit dem Rührgerät vermengen. Den Backofen auf 175 °C Ober- und Unterhitze (155 °C Umluft) vorheizen.

2 Die Vertiefungen der Form mit Öl ausstreichen, zu ¾ mit Teig füllen und im vorgeheizten Backofen auf der mittleren Schiene 14 Minuten backen. Die kleinen Kuchen in der Form kurz abkühlen lassen, dann vorsichtig auf ein Auskühlgitter kippen und auskühlen lassen.

3 Für die Füllung Butter und Erdbeerfluff zu einer cremigen Masse verrühren. Die Creme in einen Spitzbeutel mit Sterntülle geben und in die Gugelhupfe füllen. Nach Belieben mit Erdbeeren dekorieren.

Zubereitungszeit: 30 Minuten
Backzeit: 14 Minuten
**Ofentemperatur: 175 °C Ober- und
Unterhitze (155 °C Umluft)**

*Mich lassen der schimmernde Hagelzucker und die weißen
Buttercremebällchen an Winter denken – und schon habe ich
das richtige Mitbringsel für kalte Wintertage.*

Schoko-Gugel mit Zitrone

Teig

- » 50 g weiche Butter
- » 60 g Zucker
- » 1 Ei, Größe M
- » 70 g Mehl
- » 20 g Stärke
- » 1 TL Backpulver
- » 20 g Kakaopulver
- » 1 Prise Salz
- » 10 g Zartbitterschokolade, gehackt
- » 3 EL Naturjoghurt
- » Abrieb von 1 Bio-Zitrone

Guss

- » 2 EL Zitronenmarmelade
- » Hagelzucker

Füllung

- » 25 g weiche Butter
- » 100 g Puderzucker
- » 15 ml Zitronensaft (ca. 1 EL)

1 Die Butter mit dem Zucker schaumig rühren. Das Ei zugeben und einrühren. Mehl mit Stärke, Backpulver, Kakao, Salz, Schokolade, Joghurt und Zitronenabrieb vermengen und mit der Butter-Ei-Mischung verrühren. Den Backofen auf 175 °C Ober- und Unterhitze (155 °C Umluft) vorheizen.

2 Die Vertiefungen der Form mit Öl ausstreichen, zu ¾ mit Teig füllen und im vorgeheizten Backofen auf der mittleren Schiene 14 Minuten backen. Die kleinen Kuchen in der Form kurz abkühlen lassen, dann vorsichtig auf ein Auskühlgitter kippen und auskühlen lassen.

3 Die Marmelade mit einer Gabel verrühren. Die Gugelhupfe in der Marmelade drehen und sofort mit Hagelzucker bestreuen.

4 Butter mit Puderzucker vermengen und mit Zitronensaft glatt rühren. Aus dieser Creme kleine Kugeln (zum Beispiel mit einem Melonenausstecher) formen und auf die Gugelhupfe setzen. Nach Belieben verzieren.

Zubereitungszeit: 40 Minuten
Backzeit: 14 Minuten
Ofentemperatur: 175 °C Ober- und Unterhitze (155 °C Umluft)

Mini-Gugelhupfe mit Pudding, Nuss & Schokolade

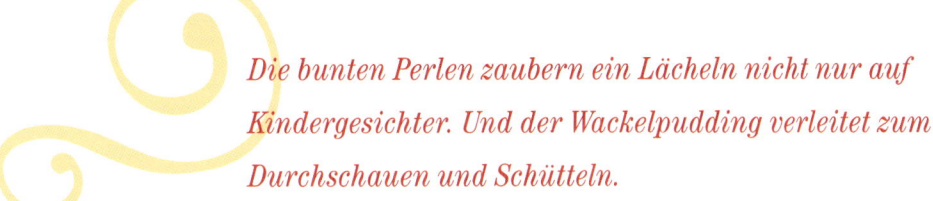

Die bunten Perlen zaubern ein Lächeln nicht nur auf Kindergesichter. Und der Wackelpudding verleitet zum Durchschauen und Schütteln.

Wackelpudding-Perlen-Kuchen

Teig
- » 90 g Mehl
- » 1 TL Backpulver
- » 20 g Stärke
- » 1 Prise Salz
- » 50 g Zucker
- » 1 Ei, Größe M
- » 1 Päckchen Vanillezucker
- » 50 ml Distelöl
- » 3 EL Naturjoghurt

Dekoration
- » 2 EL Aprikosenkonfitüre
- » bunte Perlen, z. B. bunte Crispies

Füllung
- » 1 Päckchen rote Götterspeise
- » 1 Päckchen grüne Götterspeise

1 Die Götterspeise für die Füllung nach Packungsanleitung zubereiten, ca. 1½ cm hoch in eine flache Form geben und zum Festwerden 2 Stunden in den Kühlschrank stellen.

2 Das Mehl sieben und mit Backpulver, Stärke und Salz vermengen. Zucker, Ei, Vanillezucker, Öl und Joghurt zugeben und alles mit dem Rührgerät vermengen. Den Backofen auf 175 °C Ober- und Unterhitze (155 °C Umluft) vorheizen.

3 Die Vertiefungen der Form mit Öl ausstreichen, zu ¾ mit Teig füllen und im vorgeheizten Backofen auf der mittleren Schiene 14 Minuten backen. Die kleinen Kuchen in der Form kurz abkühlen lassen, dann vorsichtig auf ein Auskühlgitter kippen und auskühlen lassen.

4 Die Aprikosenkonfitüre mit einer Gabel verrühren und mit einem Pinsel auf die obere Hälfte der Gugelhupfe auftragen. Die bunten Perlen auf die noch feuchte Marmelade drucken.

5 Die Götterspeise in kleine Quadrate von ca. 1½ cm schneiden und auf die Gugelhupfe setzen.

Zubereitungszeit: 45 Minuten
Backzeit: 14 Minuten
Ofentemperatur: 175 °C Ober- und Unterhitze (155 °C Umluft)
Kühlzeit: 2 Stunden

Mit diesem Champagner-Küchlein kann man das neue Jahr begrüßen, aber auch jeden anderen schönen Tag!

Champagner-Gugelhupfe mit Schokolade

Teig

- » 60 g weiche Butter
- » 50 g Zucker
- » 1 Ei, Größe M
- » 70 g Mehl
- » 20 g Stärke
- » 1 TL Backpulver
- » 20 g Kakaopulver
- » 10 g Zartbitterschokolade, gehackt
- » 3 EL Crème fraîche
- » 1 Prise Salz

Füllung

- » 100 g weiße Schokolade
- » 20 g Sahne
- » 2 EL Champagner

Dekoration

- » 18 kleine Schokoladenherzen

1 Die Butter mit dem Zucker schaumig rühren. Das Ei zugeben und einrühren. Das Mehl mit Stärke, Backpulver, Kakao, Schokolade, Crème fraîche und Salz vermengen und mit der Butter-Ei-Mischung verrühren. Den Backofen auf 175 °C Ober- und Unterhitze (155 °C Umluft) vorheizen.

2 Die Vertiefungen der Form mit Öl ausstreichen, zu ¾ mit Teig füllen und im vorgeheizten Backofen auf der mittleren Schiene 14 Minuten backen. Die kleinen Kuchen in der Form kurz abkühlen lassen, dann vorsichtig auf ein Auskühlgitter kippen und auskühlen lassen.

3 Für die Füllung die Schokolade hacken oder reiben. Die Sahne erhitzen und über die zerkleinerte Schokolade gießen. Die Zutaten gut miteinander verrühren. Den Champagner zugeben und cremig rühren. Diese Masse 3–4 Stunden kühlen. Danach einmal kräftig durchschlagen, in einen Spritzbeutel mit Sterntülle geben und in die Gugelhupfe spritzen. Mit Schokoladenherzen verzieren.

Zubereitungszeit: 40 Minuten
Backzeit: 14 Minuten
Ofentemperatur: 175 °C Ober- und Unterhitze (155 °C Umluft)
Kühlzeit: 3–4 Stunden

Goldene Salzkaramell-Gugelhupfe

Teig

» 60 g weiche Butter
» 50 g Zucker
» 1 Ei, Größe M
» 70 g Mehl
» 20 g Stärke
» 1 TL Backpulver
» 20 g Kakaopulver
» 1 Messerspitze Chilipulver
» 1 Prise Salz
» 4 EL Naturjoghurt
» 10 g Zartbitterschokolade, gehackt

Füllung

» 80 g Zucker
» 25 g Butter
» 120 g Sahne
» 1 Prise Meersalz
» Goldflitter

1 Die Butter mit dem Zucker schaumig rühren. Das Ei zugeben und einrühren. Das Mehl mit Stärke, Backpulver, Kakao, Chili und Salz vermengen und mit der Butter-Ei-Mischung verrühren. Zuletzt Joghurt und Schokolade unterrühren. Den Backofen auf 175 °C Ober- und Unterhitze (155 °C Umluft) vorheizen.

2 Die Vertiefungen der Form mit Öl ausstreichen, zu ¾ mit Teig füllen und im vorgeheizten Backofen auf der mittleren Schiene 14 Minuten backen. Die kleinen Kuchen in der Form kurz abkühlen lassen, dann vorsichtig auf ein Auskühlgitter kippen und auskühlen lassen.

3 Für den Karamell den Zucker in eine Pfanne geben und bei schwacher Hitze schmelzen lassen. Sobald der Zucker beginnt hellbraun zu werden, nach und nach die Butter in kleinen Stückchen zugeben und mit einem Holzkochlöffel einrühren. Die Sahne erhitzen und über den heißen Zucker gießen. Mehrere Minuten bei mittlerer Hitze rühren. Zuletzt das Salz zugeben, dann den Karamell abkühlen lassen.

4 Aus dem abgekühlten Karamell kleine Rechtecke formen. Die Enden mit Goldflitter bestreuen und auf die Gugelhupfe setzen

Zubereitungszeit: 45 Minuten
Backzeit: 14 Minuten
Ofentemperatur: 175 °C Ober- und Unterhitze (155 °C Umluft)
Abkühlzeit: 30 Minuten

Sauer macht lustig. Und wenn der saure Wurm aus der Schokocreme spitzt, ist der Spaß beim Kindergeburtstag garantiert.

Nutella-Gugelhupfe mit Gummiwurm

Teig

- » 80 g Mehl
- » 1 TL Backpulver
- » 1 TL Ovomaltinepulver
- » 20 g Stärke
- » 1 Prise Salz
- » 50 g Zucker
- » 1 Ei, Größe M
- » 50 ml Distelöl
- » 3 EL Vanillejoghurt

Füllung

- » 90 g Nuss-Nougat-Creme (z. B. Nutella)
- » 18 Gummiwürmer (z. B. Trolli)

1 Das Mehl sieben und mit Backpulver, Ovomaltine, Stärke und Salz vermengen. Zucker, Ei, Öl und Joghurt zugeben und mit dem Rührgerät vermengen. Den Backofen auf 175 °C Ober- und Unterhitze (155 °C Umluft) vorheizen.

2 Die Vertiefungen der Form mit Öl ausstreichen, zu ¾ mit Teig füllen und im vorgeheizten Backofen auf der mittleren Schiene 14 Minuten backen. Die kleinen Kuchen in der Form kurz abkühlen lassen, dann vorsichtig auf ein Auskühlgitter kippen und auskühlen lassen.

3 Die Nuss-Nougat-Creme im Backofen leicht anwärmen und mit einem Teelöffel in die Gugelhupfe füllen Die Gummiwürmer etwas kürzen und in die Creme stecken.

Zubereitungszeit: 25 Minuten
Backzeit: 14 Minuten
Ofentemperatur: 175 °C Ober- und Unterhitze (155 °C Umluft)

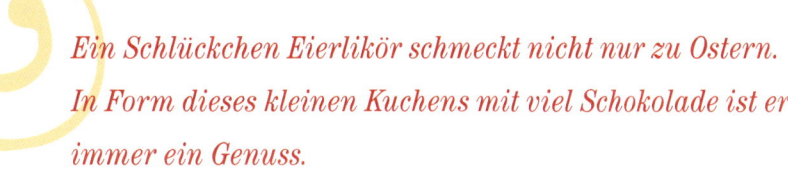

Ein Schlückchen Eierlikör schmeckt nicht nur zu Ostern. In Form dieses kleinen Kuchens mit viel Schokolade ist er immer ein Genuss.

Eierlikör-Gugelhupfe mit Schokohaube

Teig

- » 70 g Mehl
- » 20 g Stärke
- » 1 TL Backpulver
- » 20 g Kakaopulver
- » 1 Prise Salz
- » 50 g Zucker
- » 1 Ei, Größe M
- » 3 EL Naturjoghurt
- » 1 EL Eierlikör
- » 50 ml Distelöl

Guss und Füllung

- » 1 Päckchen dunkle Schokoladenglasur (125 g)
- » Eierlikör

1 Das Mehl mit Stärke, Backpulver, Kakao und Salz vermengen. Zucker, Ei, Joghurt, Eierlikör und Öl zugeben und glatt verrühren. Den Backofen auf 175 °C Ober- und Unterhitze (155 °C Umluft) vorheizen.

2 Die Vertiefungen der Form mit Öl ausstreichen, zu ¾ mit Teig füllen und im vorgeheizten Backofen auf der mittleren Schiene 14 Minuten backen. Die kleinen Kuchen in der Form kurz abkühlen lassen, dann vorsichtig auf ein Auskühlgitter kippen und auskühlen lassen.

3 Die Schokoglasur über einem Wasserbad schmelzen und auf einen flachen Teller geben. Die Köpfchen der Gugelhupfe in den Schokoguss tauchen und trocknen lassen. Vor dem Servieren die Kuchen vorsichtig mit Eierlikör füllen.

Zubereitungszeit: 25 Minuten
Backzeit: 14 Minuten
Ofentemperatur: 175 °C Ober- und Unterhitze (155 °C Umluft)
Trockenzeit: 30 Minuten

Bei diesem Gugelhupf möchte doch jeder ein Eisbär sein.
Aber Vorsicht – die leckeren Kuchen bringen sogar Eisschollen
zum Schmelzen.

Mandel-Gugelhupfe mit Frischkäse

Teig

- » 70 g Mehl
- » 1 TL Backpulver
- » 20 g Stärke
- » 20 g geschälte, gemahlene Mandeln
- » 1 Prise Salz
- » 50 g Zucker
- » 1 Ei, Größe M
- » 50 ml Distelöl
- » 3 EL griechischer Joghurt

Guss

- » 1 TL Puderzucker
- » weißer Glitzerzucker

Füllung

- » 100 g Frischkäse
- » 3 EL Puderzucker

1 Das Mehl sieben und mit Backpulver, Stärke, Mandeln und Salz vermengen. Zucker, Ei, Öl und Joghurt zugeben und mit dem Rührgerät verrühren. Den Backofen auf 175 °C Ober- und Unterhitze (155 °C Umluft) vorheizen.

2 Die Vertiefungen der Form mit Öl ausstreichen, zu ¾ mit Teig füllen und im vorgeheizten Backofen auf der mittleren Schiene 14 Minuten backen. Die kleinen Kuchen in der Form kurz abkühlen lassen, dann vorsichtig auf ein Auskühlgitter kippen und auskühlen lassen.

3 Den Puderzucker mit etwas Wasser zu einem Guss verrühren. Die Gugelhupfe in den Guss tauchen und trocknen lassen.

4 Den Frischkäse für die Füllung mit dem Puderzucker vermengen. Mit beiden Händen kleine Kügelchen formen und im Glitzerzucker wälzen. Die Kugeln auf die Gugelhupfe setzen.

Zubereitungszeit: 35 Minuten
Backzeit: 14 Minuten
Ofentemperatur: 175 °C Ober- und Unterhitze (155 °C Umluft)
Trockenzeit: 30 Minuten

Erdnuss-Gugelhupfe

Teig

- » 50 g weiche Butter
- » 50 g brauner Zucker
- » 1 Ei, Größe M
- » 60 g Mehl
- » 20 g Stärke
- » 1 TL Backpulver
- » 1 TL Kakaopulver
- » 1 Prise Salz
- » 1 TL Limettensaft
- » 30 g Erdnüsse
- » 20 g Apfel, gerieben
- » 3 EL Naturjoghurt

Füllung

- » 2 EL Sahne
- » 100 g cremige Erdnussbutter
- » 1 EL Zucker

Dekoration

- » 1 Tube weiße Zuckerschrift
- » 18 Zuckerperlen

1 Die Butter mit dem Zucker schaumig rühren. Das Ei zugeben und einrühren. Mehl, Stärke, Backpulver, Kakao und Salz vermengen und mit der Butter-Ei-Mischung verrühren. Den Limettensaft unterrühren. Den Backofen auf 175 °C Ober- und Unterhitze (155 °C Umluft) vorheizen.

2 Die Erdnüsse in einer unbeschichteten Pfanne rösten, dann klein hacken. Mit dem geriebenen Apfel und Joghurt in die Teigmasse rühren.

3 Die Vertiefungen der Form mit Öl ausstreichen, zu ¾ mit Teig füllen und im vorgeheizten Backofen auf der mittleren Schiene 14 Minuten backen. Die kleinen Kuchen in der Form kurz abkühlen lassen, dann vorsichtig auf ein Auskühlgitter kippen und auskühlen lassen. Mit der Zuckerschrift nach Belieben „bemalen".

4 Für die Füllung die Sahne in einem kleinen Topf erwärmen, vom Herd nehmen. Erdnussbutter und Zucker dazugeben und zu einer glatten Creme verrühren. Die noch weiche Creme in einen Spritzbeutel mit glatter Tülle geben und die Gugelhupfe damit füllen. Zuletzt mit einer Zuckerperle verzieren. Diese Gugelhupfe gekühlt servieren.

Zubereitungszeit: 35 Minuten
Backzeit: 14 Minuten
Ofentemperatur: 175 °C Ober- und Unterhitze (155 °C Umluft)
Kühlzeit: 30 Minuten

Feiner Mandellikör und glänzende Zuckerperlen: Dieser noble Kuchenhappen erfreut auf jeder Tafel Auge und Gaumen.

Festlicher Gugelhupf mit Mandellikör

Teig
» 70 g Mehl
» 1 TL Backpulver
» 20 g Stärke
» 1 Prise Salz
» 50 g Zucker
» 1 Ei, Größe M
» 50 ml Distelöl
» 2 EL Naturjoghurt
» 1 EL Mandellikör
 (Amaretto)
» 30 g Amarettini, zerbröselt

Füllung
» 40 g weiche Butter
» 80 g Puderzucker
» 1 TL Amaretto

Glasur und Dekoration
» 1 Päckchen dunkle
 Schokoladenglasur (125 g)
» Zuckerperlen

1 Das Mehl sieben und mit Backpulver, Stärke und Salz vermengen. Zucker, Ei, Öl, Joghurt und Mandellikör zugeben und mit dem Rührgerät vermengen. Zuletzt die zerbröselten Amarettini unterrühren. Den Backofen auf 175 °C Ober- und Unterhitze (155 °C Umluft) vorheizen.

2 Die Vertiefungen der Form mit Öl ausstreichen, zu ¾ mit Teig füllen und im vorgeheizten Backofen auf der mittleren Schiene 14 Minuten backen. Die kleinen Kuchen in der Form kurz abkühlen lassen, dann vorsichtig auf ein Auskühlgitter kippen und auskühlen lassen.

3 Die Schokoladenglasur über einem Wasserbad erwärmen. Die Gugelhupfe in den Schokoguss tauchen und auf ein Abtropfgitter stellen. Die Zuckerperlen auf den noch warmen Guss streuen.

4 Für die Füllung die Butter mit Puderzucker und Amaretto vermengen. Die Masse in einen Spritzbeutel mit Sterntülle geben und die Küchlein damit füllen. Nach Belieben verzieren.

Zubereitungszeit: 30 Minuten
Backzeit: 14 Minuten
Ofentemperatur: 175 °C Ober- und Unterhitze (155 °C Umluft)

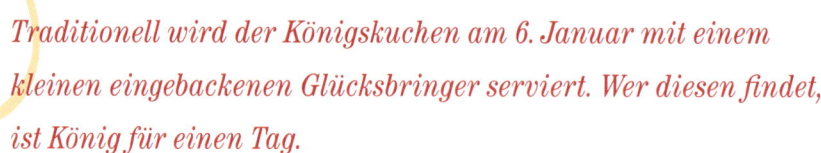

Traditionell wird der Königskuchen am 6. Januar mit einem kleinen eingebackenen Glücksbringer serviert. Wer diesen findet, ist König für einen Tag.

Königsküchlein

Teig

» 70 g Mehl
» 1 TL Backpulver
» 20 g Stärke
» 1 Prise Salz
» 50 g Zucker
» 1 Ei, Größe M
» 50 ml Distelöl
» 3 EL saure Sahne
» 10 g Zitronat, fein gehackt
» 10 g Orangeat, fein gehackt
» 10 g Rumrosinen, fein gehackt

Dekoration und Füllung

» Puderzucker
» 1 Päckchen backfeste Puddingcreme (z. B. von Dr. Oetker)
» 1 Zuckerperle
» 18 Belegkirschen

1 Das Mehl sieben und mit Backpulver, Stärke und Salz vermengen. Zucker, Ei, Öl, saure Sahne, Zitronat, Orangeat und Rumrosinen zugeben und mit dem Rührgerät verrühren. Den Backofen auf 175 °C Ober- und Unterhitze (155 °C Umluft) vorheizen.

2 Die Vertiefungen der Form mit Öl ausstreichen, zu ¾ mit Teig füllen und im vorgeheizten Backofen auf der mittleren Schiene 14 Minuten backen. Die kleinen Kuchen in der Form kurz abkühlen lassen, dann vorsichtig auf ein Auskühlgitter kippen und auskühlen lassen.

3 Die Gugelhupfe mit Puderzucker bestäuben. Die backfeste Puddingcreme nach Packungsanleitung zubereiten, in einen Spritzbeutel mit glatter Tülle geben und die Küchlein damit füllen. In einem Gugelhupf die Zuckerperle in der Creme verstecken. Zuletzt die Belegkirschen auf die Creme setzen.

Zubereitungszeit: 35 Minuten
Backzeit: 14 Minuten
Ofentemperatur: 175 °C Ober- und Unterhitze (155 °C Umluft)

Mit Pudding, Nuss & Schokolade

Kaffee-Kardamom-Kuchenkonfekt

Teig

- » 70 g Mehl
- » 1 TL Backpulver
- » 20 g Stärke
- » 20 g Kakaopulver
- » 1 Prise Salz
- » 1 Messerspitze Kardamom
- » 1 EL lösliches Kaffeepulver
- » 3 EL Crème fraîche
- » 1 Ei, Größe M
- » 60 g Zucker
- » 50 ml Distelöl

Glasur

- » 1 Päckchen Vollmilch-schokoladenglasur (125 g)

Füllung

- » 50 g weiße Schokolade
- » 125 g Ricotta
- » 2 EL Grand Marnier

1 Das Mehl mit Backpulver, Stärke, Kakaopulver, Salz und Kardamom vermengen. Das Kaffeepulver mit Crème fraîche verrühren, dann mit Ei, Zucker und Öl vermischen und mit der Mehlmischung verrühren. Den Backofen auf 175 °C Ober- und Unterhitze (155 °C Umluft) vorheizen.

2 Die Vertiefungen der Form mit Öl ausstreichen, zu ¾ mit Teig füllen und im vorgeheizten Backofen auf der mittleren Schiene 14 Minuten backen. Die kleinen Kuchen in der Form kurz abkühlen lassen, dann vorsichtig auf ein Auskühlgitter kippen und auskühlen lassen.

3 Die Schokoglasur über einem Wasserbad erwärmen. Die Gugelhupfe in die Schokoglasur tauchen und trocknen lassen.

4 Die weiße Schokolade über einem Wasserbad schmelzen. Ricotta mit Grand Marnier verrühren und mit der geschmolzenen Schokolade vermengen. In einen Spritzbeutel mit Sterntülle geben und die Gugelhupfe füllen.

Zubereitungszeit: 35 Minuten
Backzeit: 14 Minuten
Ofentemperatur: 175 °C Ober- und Unterhitze (155 °C Umluft)
Trockenzeit: 30 Minuten

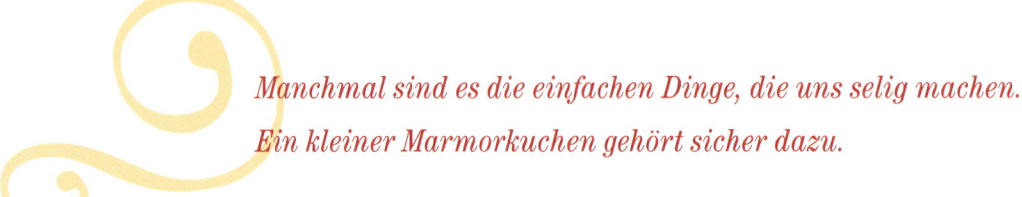

Manchmal sind es die einfachen Dinge, die uns selig machen.
Ein kleiner Marmorkuchen gehört sicher dazu.

Mini-Marmorkuchen mit Likör

Teig
- » 80 g Mehl
- » 20 g Stärke
- » 1 TL Backpulver
- » 1 Prise Salz
- » 50 g Zucker
- » 50 ml Distelöl
- » 1 Ei, Größe M
- » 3 EL Naturjoghurt
- » 20 g Kakaopulver
- » 1 EL Rum

Füllung
- » 100 g Sahne
- » ½ Päckchen Sahnesteif
- » 1 EL Eierlikör
- » Puderzucker

1 Das Mehl mit Stärke, Backpulver und Salz vermengen. Zucker, Öl, Ei und Joghurt zugeben und verrühren. Den Teig in zwei Hälften teilen. Kakao und Rum miteinander verrühren und in eine Teighälfte einrühren. Den Backofen auf 175 °C Ober- und Unterhitze (155 °C Umluft) vorheizen.

2 Die Vertiefungen der Form mit Öl ausstreichen. Zunächst den hellen Teig in die Form geben, bis die Vertiefung nicht ganz zur Hälfte gefüllt sind. Den dunklen Teig daraufgeben, so dass die Vertiefungen zu ¾ gefüllt sind. Ein Holzstäbchen einige Male durch den Teig ziehen, damit sich die beiden Teige leicht vermengen und die typische Marmorstruktur entsteht. Die Gugelhupfe im vorgeheizten Backofen auf der mittleren Schiene 14 Minuten backen, in der Form kurz abkühlen lassen, dann auf ein Auskühlgitter stürzen.

3 Die Sahne mit Sahnesteif steif schlagen und den Eierlikör zugeben. In einen Spritzbeutel mit Sterntülle füllen und die Kuchen damit füllen. Vor dem Servieren mit Puderzucker bestreuen.

Zubereitungszeit: 25 Minuten
Backzeit: 14 Minuten
Ofentemperatur: 175 °C Ober- und Unterhitze (155 °C Umluft)

Nougat, Pistazie und Marzipan: Dieser Kuchen gleicht einer Praline. Kleine Verwöhnmomente sind so einfach gemacht.

Kuchenkonfekt mit Nougat-Marzipan

Teig

- » 60 g Mehl
- » 20 g Stärke
- » 20 g gemahlene Mandeln
- » 20 g Kakaopulver
- » 1 TL Backpulver
- » 1 Prise Salz
- » 50 g Zucker
- » 1 Ei, Größe M
- » 50 ml Distelöl
- » 2 EL Naturjoghurt
- » 1 EL Kirschwasser

Glasur

- » 50 g Nougat

Füllung

- » 60 g Marzipanrohmasse
- » 20 g Pistazien, sehr fein gehackt
- » 40 g Puderzucker
- » 1 TL Kirschwasser

Dekoration

- » 20 g Nougat

1 Das Mehl mit Stärke, Mandeln, Kakao, Backpulver und Salz vermengen. Zucker, Ei, Öl, Joghurt und Kirschwasser zugeben und verrühren. Den Backofen auf 175 °C Ober- und Unterhitze (155 °C Umluft) vorheizen.

2 Die Vertiefungen der Form mit Öl ausstreichen, zu ¾ mit Teig füllen und im vorgeheizten Backofen auf der mittleren Schiene 14 Minuten backen. Die kleinen Kuchen in der Form kurz abkühlen lassen, dann vorsichtig auf ein Auskühlgitter kippen und auskühlen lassen.

3 Den Nougat über einem Wasserbad erwärmen. Die Gugelhupfe in die Nougat-glasur stippen, überschüssiges abtropfen lassen.

4 Marzipan, Pistazien, Puderzucker und Kirschwasser vermengen, in einen Spritzbeutel mit Sterntülle geben und die Kuchen damit füllen. Mit einem Stückchen Nougat dekorieren.

Zubereitungszeit: 35 Minuten
Backzeit: 14 Minuten
Ofentemperatur: 175 °C Ober- und Unterhitze (155 °C Umluft)

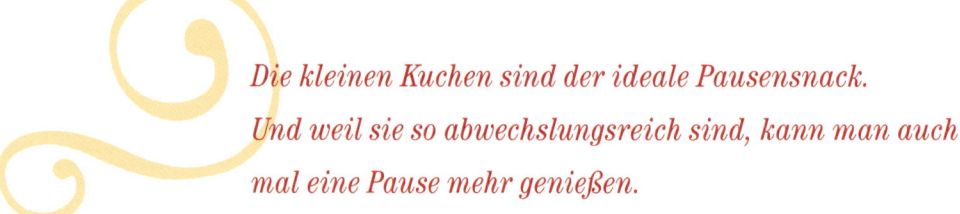

Die kleinen Kuchen sind der ideale Pausensnack.
Und weil sie so abwechslungsreich sind, kann man auch
mal eine Pause mehr genießen.

Möhren-Nuss-Gugelhupfe

Teig

- » 70 g Mehl
- » 1 TL Backpulver
- » 20 g Stärke
- » 1 Prise Salz
- » 20 g Möhre, geraspelt
- » 1 EL Pekannüsse, gehackt
- » 20 g brauner Zucker
- » 30 g weißer Zucker
- » 1 Päckchen Vanillezucker
- » 1 Ei, Größe M
- » 50 ml Distelöl
- » 3 EL Naturjoghurt

Füllung

- » 120 g Erdbeer-Sahnejoghurt
- » Glitzerzucker

1 Das Mehl mit Backpulver, Stärke und Salz vermengen. Möhrenraspel, Nüsse, alle Zuckersorten, Ei, Öl und Joghurt vermischen und mit der Mehlmischung verrühren. Den Backofen auf 175 °C Ober- und Unterhitze (155 °C Umluft) vorheizen.

2 Die Vertiefungen der Form mit Öl ausstreichen, zu ¾ mit Teig füllen und im vorgeheizten Backofen auf der mittleren Schiene 14 Minuten backen. Die kleinen Kuchen in der Form kurz abkühlen lassen, dann vorsichtig auf ein Auskühlgitter kippen und auskühlen lassen.

3 Für die Füllung den Joghurt in einen Spritzbeutel mit glatter Tülle geben und die Gugelhupfe damit füllen. Zuletzt mit Glitzerzucker bestreuen.

Zubereitungszeit: 35 Minuten
Backzeit: 14 Minuten
Ofentemperatur: 175 °C Ober- und Unterhitze (155 °C Umluft)

Ein Aroma wie aus 1001 Nacht. Der zarte Rosenduft und die feinen Pistazien lassen Bilder von paradiesischen Gärten im Orient entstehen.

Rosen-Gugelhupf mit weißer Schokolade

Teig
» 90 g Mehl
» 1 TL Backpulver
» 20 g Stärke
» 1 Prise Salz
» 1 Ei, Größe M
» 50 g Zucker
» 1 Päckchen Vanillezucker
» 50 ml Distelöl
» 3 EL Ricotta

Glasur
» 4 EL Puderzucker
» 2 TL Zitronensaft

Dekoration
» 2–3 EL Pistazien, gehackt
» 2–3 EL getrocknete Rosen-
  blütenblätter (in Form von
  Rosenblütentee)

Füllung
» 20 g Sahne
» 100 g weiße Schokolade,
  gehackt
» einige Tropfen Rosenwasser

1 Das Mehl mit Backpulver, Stärke und Salz vermengen. Ei, Zucker, Vanille-zucker, Öl und Ricotta vermischen und mit der Mehlmischung verrühren. Den Backofen auf 175 °C Ober- und Unterhitze (155 °C Umluft) vorheizen.

2 Die Vertiefungen der Form mit Öl ausstreichen, zu ¾ mit Teig füllen und im vorgeheizten Backofen auf der mittleren Schiene 14 Minuten backen. Die kleinen Kuchen in der Form kurz abkühlen lassen, dann vorsichtig auf ein Auskühlgitter kippen und auskühlen lassen.

3 Für die Glasur Puderzucker mit Zitronensaft klümpchenfrei verrühren. Die Gugelhupfe in den Guss tauchen und noch feucht mit ⅔ der Pistazien und Rosenblätter bestreuen.

4 Für die Füllung die Sahne erhitzen und über die gehackte Schokolade gießen. Das Rosenwasser zugeben und rühren, bis eine glatte Masse ent-standen ist. Die Creme mit einem Teelöffel in die Kuchen füllen und mit den restlichen Pistazien und Rosenblättern bestreuen. Gekühlt servieren.

Zubereitungszeit: 35 Minuten
Backzeit: 14 Minuten
Ofentemperatur: 175 °C Ober- und Unterhitze (155 °C Umluft)
Kühlzeit: 1 Stunde

Machen Sie es sich gemütlich! Mit einem Glas Rotwein und diesem würzigen Rotwein-Gugelhupf lässt es sich wunderbar träumen.

Rotwein-Gugelhupf

Teig

- » 70 g Mehl
- » 1 TL Backpulver
- » 20 g Kakaopulver
- » 20 g Stärke
- » 1 Messerspitze Nelkenpulver
- » 1 Prise Salz
- » 1 Ei, Größe M
- » 50 g Zucker
- » 2 EL Joghurt
- » 2 EL Rotwein
- » 50 ml Distelöl

Glasur und Füllung

- » 150 g Puderzucker
- » 6–7 TL Rotwein
- » 40 g weiche Butter

1 Das Mehl sieben und mit Backpulver, Kakao, Stärke, Nelkenpulver und Salz vermengen. Das Ei mit Zucker, Joghurt, Rotwein und Öl vermischen und mit der Mehlmasse verrühren. Den Backofen auf 175 °C Ober- und Unterhitze (155 °C Umluft) vorheizen.

2 Die Vertiefungen der Form mit Öl ausstreichen, zu ¾ mit Teig füllen und im vorgeheizten Backofen auf der mittleren Schiene 14 Minuten backen. Die kleinen Kuchen in der Form kurz abkühlen lassen, dann vorsichtig auf ein Auskühlgitter kippen und auskühlen lassen.

3 Für die Glasur 50 g Puderzucker mit 2–3 TL Wein vermengen und die Gugelhupfe damit bepinseln. Die Glasur trocknen lassen.

4 Für die Füllung den restlichen Puderzucker mit 4 TL Rotwein und Butter vermengen, die Masse 30 Minuten kaltstellen. Mit einem kleinen Melonen-ausstecher Kugeln abstechen und die Kuchen damit füllen oder belegen.

Zubereitungszeit: 25 Minuten
Backzeit: 14 Minuten
Ofentemperatur: 175 °C Ober- und Unterhitze (155 °C Umluft)
Kühlzeit: 30 Minuten
Trockenzeit: 30 Minuten

Gugelhupf mit Schokoladenkern

Teig

- » 70 g Mehl
- » 20 g Stärke
- » 1 TL Backpulver
- » 30 g Schokotropfen
- » 1 Prise Salz
- » 1 Ei, Größe M
- » 50 Zucker
- » 50 ml Distelöl
- » 3 EL Naturjoghurt
- » Abrieb von ½ Bio-Orange

Füllung

- » 20 g Sahne
- » 100 g Vollmilchschokolade, gehackt

1 Das Mehl mit Stärke, Backpulver, Schokotropfen und Salz vermengen. Das Ei mit Zucker, Öl, Joghurt und Orangenabrieb vermischen und mit der Mehlmischung verrühren. Den Backofen auf 175 °C Ober- und Unterhitze (155 °C Umluft) vorheizen.

2 Die Vertiefungen der Form mit Öl ausstreichen, zu ¾ mit Teig füllen und im vorgeheizten Backofen auf der mittleren Schiene 14 Minuten backen. Die kleinen Kuchen in der Form kurz abkühlen lassen, dann vorsichtig auf ein Auskühlgitter kippen und auskühlen lassen.

3 Die Sahne erhitzen, über die gehackte Schokolade gießen und zu einer glatten Creme verrühren. In einen Spritzbeutel mit glatter Tülle geben und die Gugelhupfe füllen.

Zubereitungszeit: 35 Minuten
Backzeit: 14 Minuten
Ofentemperatur: 175 °C Ober- und Unterhitze (155 °C Umluft)

Studentenfutter

Teig

- » 70 g Mehl
- » 20 g Stärke
- » 1 TL Backpulver
- » 1 Prise Salz
- » 30 g Zucker
- » 20 g Honig
- » 15 g Studentenfutter
- » 15 g Möhre
- » 1 Spritzer Zitrone
- » 3 EL griechischer Joghurt
- » 50 ml Distelöl
- » 1 Ei, Größe M

Füllung

- » 100 g dunkle Schokoladenglasur (125 g)
- » 1 EL Butter
- » Nussmischung

1 Mehl, Stärke, Backpulver und Salz vermengen. Zucker und Honig zugeben. Das Studentenfutter klein hacken. Die geschälte Möhre raspeln und mit den Nüssen zum Teig geben. Zitrone, Joghurt, Öl und Ei zugeben und alles zu einem Teig verrühren. Den Backofen auf 175 °C Ober- und Unterhitze (155 °C Umluft) vorheizen.

2 Die Vertiefungen der Form mit Öl ausstreichen, zu ¾ mit Teig füllen und im vorgeheizten Backofen auf der mittleren Schiene 14 Minuten backen. Die kleinen Kuchen in der Form kurz abkühlen lassen, dann vorsichtig auf ein Auskühlgitter kippen und auskühlen lassen.

3 Für die Füllung die Schokoladenglasur mit der Butter über einem Wasserbad erwärmen. Die warme Schokocreme in die Gugelhupfe füllen. Die Nüsse auf die noch warme Masse setzen.

Zubereitungszeit: 35 Minuten
Backzeit: 14 Minuten
Ofentemperatur: 175 °C Ober- und Unterhitze (155 °C Umluft)

*Köstliche Kuchen lassen sich nicht nur aus Weizen-
mehl backen. Kastanienmehl harmoniert besonders
gut mit Walnüssen – als Nuss und als Likör.*

Glutenfreier Walnuss-Gugel mit Likör

Teig

» 70 g Kastanienmehl
» 1 TL Backpulver
» 20 g Stärke
» 10 g Kakaopulver
» 1 Prise Salz
» 1 Ei, Größe M
» 50 g brauner Zucker
» 50 ml Distelöl
» 3 EL griechischer Joghurt
» 20 g Walnüsse, gehackt
» Abrieb von ½ Bio-Orange

Glasur und Dekoration

» 100 g Vollmilchschokola-
denglasur (125 g)
» 70 g Walnüsse

Füllung

» 40 g weiche Butter
» 150 g Puderzucker
» 2 cl Walnusslikör
» 2 EL Honig

1 Das Mehl sieben und mit Backpulver, Stärke, Kakao und Salz vermengen. Ei, Zucker, Öl, Joghurt, gehackte Walnüsse und Orangenabrieb hinzugeben und mit dem Rührgerät verrühren. Den Backofen auf 175 °C Ober- und Unterhitze (155 °C Umluft) vorheizen.

2 Die Vertiefungen der Form mit Öl ausstreichen, zu ¾ mit Teig füllen und im vorgeheizten Backofen auf der mittleren Schiene 14 Minuten backen. Die kleinen Kuchen in der Form kurz abkühlen lassen, dann vorsichtig auf ein Auskühlgitter kippen und auskühlen lassen.

3 Die Schokoladenglasur auf einem Wasserbad erwärmen und die Gugel-hupfe eintunken. Die Walnüsse klein hacken, dabei 18 größere Walnuss-stückchen zurückbehalten. Die gehackten Walnüsse auf den noch weichen Schokoguss aufstreuen.

4 Für die Füllung Butter und Puderzucker vermengen und mit dem Walnuss-likör glatt rühren. Die Creme in einen Spritzbeutel mit Sterntülle füllen und die Gugelhupfe damit füllen. Den Honig in einer beschichteten Pfanne erwärmen und die zurückgelegten Walnussstückchen darin glasieren, dann auf die Gugelhupfe setzen.

Zubereitungszeit: 45 Minuten
Backzeit: 14 Minuten
Ofentemperatur: 175 °C Ober- und
Unterhitze (155 °C Umluft)

Das ABC des Gugelhupf-Backens

Für köstlich gefüllte Gugelhupfe benötigen Sie nur wenige Küchengeräte und ein paar Grundzutaten. Bei der Füllung und der Dekoration sind der Fantasie keine Grenzen gesetzt.

Zutaten und Geräte

Die kleinen gefüllten Kuchen bestehen immer aus einem Grundteig, der mit Obst, Schokolade, Nüssen oder Gewürzen variiert wird. Die gebackenen Gugelhupfe werden dann mit Creme, Obst, Likör, Marmelade, Mus, Frischkäse, Pudding oder Sahne gefüllt.

Für den Teig nehme ich die folgenden Zutaten: Mehl (Typ 405), Zucker, Puderzucker, Eier, geschmacksneutrales Öl (ich bevorzuge Distelöl), Backpulver, Speisestärke und Naturjoghurt. Statt des Distelöls können Sie auch Sonnenblumenöl oder Rapsöl verwenden. Wenn Sie das Mehl sieben, werden die Gugelhupfe noch lockerer. Puderzucker immer auf abgekühlte Kuchen streuen, weil er sonst schmilzt.

Als Grundausstattung benötigen Sie neben der Gugelhupf-Backform (Seite 6) zwei Rührschüsseln, einen kleinen Topf, einen Kochlöffel, Teigschaber, Messer, Backpinsel, Schneebesen, Handrührgerät, Spritzbeutel mit verschiedenen Tüllen und eine Küchenwaage. Für Glasur und Zuckerperlen sind kleine Schälchen oder Tassen ganz nützlich.

Backen

Bei der Teigzubereitung gibt es zwei Komponenten – den trockenen und den feuchten Teig. Das Geheimnis eines fluffigen Gugelhupfs liegt in diesem Zweikomponenten-Vorgehen. Die trockenen und feuchten Teigbestandteile werden rasch zusammengemischt und vorsichtig verrührt. Keine Sorge, die kleinen Kuchen sind nicht sehr empfindlich und verzeihen auch ein beherzteres Vorgehen beim Rühren. Diese Robustheit hat einen wunderbaren Nebeneffekt: Sie können aus einem Grundteig mehrere Varianten herstellen, zum Beispiel die erste Hälfte des Teiges zu hellen Gugelhupfen verarbeiten und die zweite Hälfte mit einem Esslöffel Kakao färben und gleich mitbacken.

Füllen Sie die Vertiefungen nur zu ungefähr 3/4 mit Teig, denn er geht wegen des Backpulvers noch auf. Sind die Förmchen zu üppig befüllt, quillt der Teig über, was nicht nur die Form des Gugelhupfs beeinträchtigt, sondern zusätzliche Arbeit beim Reinigen der Form bedeutet.

Jeder Ofen heizt ein wenig anders. Es empfiehlt sich immer, eine Garprobe mit dem Holzstäbchen (Zahnstocher) zu machen. Einfach einstechen und wieder herausziehen. Bleiben keine und nur wenige Teigkrümelchen hängen, ist der Kuchen fertig. Ansonsten noch ein bis zwei Minuten backen und den Test wiederholen.

Glasur und Überzug

Für die Zuckerglasur mischen Sie Puderzucker mit Wasser, Zitrone oder Likör am besten in einer Espressotasse. Die Gugelhupfe kopfüber eintauchen, vorsichtig abtropfen und trocknen lassen – fertig ist der Überzug. Soll nur die Kuppel mit Guss versehen werden, geben Sie den Guss auf einen kleinen flachen Teller. Zuckerstreusel und -perlen auf den noch feuchten Guss streuen und vorsichtig andrücken.

Für einen Schokoladenüberzug muss die Schokolade über einem heißen, nicht kochendem Wasserbad geschmolzen werden. Das Wasser darf nicht in die Schokolade spritzen, sie verklumpt dann sofort und ist für den Guss nicht mehr zu gebrauchen. Wenn Sie nur die Kuppel glasieren wollen, nehmen Sie die Espressotasse zum Eintunken. Wenn der Gugelhupf komplett eingetaucht werden soll, nehmen Sie eine etwas größere Schüssel. Stellen Sie die Gugelhupfe danach auf ein Kuchengitter, unter dem eine Zeitung liegt, damit die ablaufende Schokolade nicht den Tisch verklebt.

Füllen

Die Öffnung der Gugelhupfe ist bei den Minis wirklich klein. Mit einem Spritzbeutel ist es sehr viel leichter, die Gugelhupfe zu füllen. Von wenigen Ausnahmen abgesehen, die im Rezept genannt werden, ist es am besten, die Gugelhupfe erst kurz vor dem Servieren zu füllen, damit sie appetitlich-frisch aussehen.

Rezeptverzeichnis nach Kapiteln

Alphabetisches Rezeptverzeichnis

Dank

Damit alles auch allen schmeckt, ist immer eine ganz Schar an Testessern vonnöten, die ihr Urteil abgeben. Gedankt sei all' den unermüdlichen Probekostern, die durch ihr kritisches, konstruktives Urteil dazu beigetragen haben, die Rezepte zu perfektionieren.

Ohne Marga Brunnhölzls ausgefallenen Fundus hätten wir viele Bildideen nicht umsetzen können – für ihre bereitwillige Unterstützung danke ich ihr von ganzem Herzen.

Mein besonderer Dank aber gilt Rita Seitz, die mit viel Geduld, Kreativität und Liebe meine Backexperimente unterstützt und begleitet.

Impressum

1. Auflage
ISBN 978-3-572-08195-0

Umschlaggestaltung: Atelier Versen, Bad Aibling
Innenlayout: Katharina Schweissguth, Visuelle Kommunikation, München
Bildredaktion: Sabine Kestler
Herstellung: Elke Cramer
Projektleitung: Anja Halveland
Fotografie: Luise Lilienthal
Satz: Nadine Thiel, kreativsatz, Baldham

Reproduktion: Regg Media GmbH, München
Druck und Verarbeitung: Mohn Media Mohndruck GmbH, Gütersloh

Printed in Germany

Verlagsgruppe Random House FSC® N001967
Das für dieses Buch verwendete FSC®-zertifizierte Papier *Profimatt*
wurde produziert von Sappi Ehingen.

Wonnetürmchen für dich & mich

Luise Lilienthal

Minikleine

Nasch & Dessert

Törtchen

112 Seiten, zahlreiche Farbfotos
ISBN 978-3-572-08148-6

Umwerfend lecker und mit Liebe gemacht: Diese klitzekleinen Torten sind perfekt zum Dessert, das schönste Geschenk für jeden Anlass und unschlagbar für bestes Naschen zwischendurch.

Bassermann
Inspiration

www.bassermann-verlag.de